感謝について100の言葉

ヴィルヘルム・ミュース編
女子パウロ会訳

女子パウロ会

Dem Staunen entspringt der Dank
Hundert Worte über die Dankbarkeit
by Wilhelm Mühs

Japanese translation rights arranged with
Verlag Neue Stadt, Oberpframmern, Germany
through Tuttle-Mori Agency, Inc, Tokyo

Published 2013 in Japan by Jhoshi-Paulo-kai

感謝について100の言葉

Dziekuje
Arigatō
Grazie
Merci
Gracias
Danke
Thank
you
Arigatō
TERUMI

装画・口絵　伊藤輝巳
ブックデザイン　中島祥子

編者の言葉

子どものころ、わたしたちは次のように教わりました。

「そんなとき、なんていうの？」

「ありがと。」

でも、それがそんなに簡単だったらいいのですが……。適切に「ありがとう」というすべを見つけられる人は、あまりいないでしょう。

まず何に対して感謝すべきなのか気づかなければなりません。

「感謝の負い目」という重荷のあることをご存じでしょう。それは恩をほどこした人が何かのお返しがあると思いこむ、あるいは実際に何かのお返しをあてにしていて、恩を受けた人を負い目のある人にしてしまうということです。

しばしば「忘恩は世の常」という嘆きが聞こえてきます。でもありがたいことに、ほんものの驚くべき感謝があります。

この本には、感謝の小さなしるしとして贈るのにふさわしいさまざまな考えが集められています。

ヴィルヘルム・ミュース

1

感謝の思いは、心に刻まれた記念碑。

ジャン・バプティスト・マション

2

感謝の思いは、回想を静かな喜びに変える。わたしたちは過ぎ去った美しいものを、静かに貴重な贈り物のように心に抱いている。

ディートリッヒ・ボンヘファー

3

感謝の気持ちでいることはたやすい。しかし、「ありがとう」というのはたいへんなわざ。どんなわざでも同じだが、このわざの達人になるのは、容易ではない。

シュテファン・ツヴァイク

4

心から感謝したいと思ったときほど、
どんな言葉を使っても言い足りないと思ってしまう。

マリー・グスタフ

5

百の言葉でも言い表せないこと。どんなお返しをしても足りないもの。
それには幸せいっぱいのまなざしで、
はっきりと「ありがとうございます」ということ。

フリードリッヒ・ライザー

6

お金で買えないものがたくさんある。たぶん、ほほえみ、小さな心遣い、
そして「ありがとう」のひとことでしか、得られないものが。

レオ・スーネンス

7

感謝の心は美徳ではない。これは、一つの芸術である。

リヒャルト・フリーデンタール

8

感謝の念は、この世を破壊しようとする力を鎮めるための気配り。

ガブリエル・マルセル

9

感謝の思いは、ものごとのすばらしさを改めて見せてくれる。
感謝の思いは、ものごとが持っている真に貴重なものを理解し、
はっきりと認識させてくれる。

アンリ・レガメ

10

感謝の思いは、礼儀のいちばん美しい形。

ジャック・マリタン

11

お互いに感謝の言葉を交わしながら接したとき、
はじめて相手を尊敬の念をもって正しく理解することができる。

ゲオルグ・モーザー

12

ほんとうに善良な人は、
かつて受けた親切を忘れず、
昔の仲たがいを思い出さない。

中国のことわざ

13

受けた親切について語る人は感謝の人として、ほめられてよい。
しかし、もっとも感謝の念の深い人は、
どんな親切を受けたかということよりも、恩人その人を忘れない人である。

ルートヴィッヒ・ベルネ

14

感謝の念は美徳。
感謝の念によって、受けた親切や友情を
心にとどめていることを、はっきりとあらわす。

アウレリウス・アウグスティヌス

15

受けた恩を忘れる人には、恩知らずという評判が立つだけではなく、
さらに大きな害をひきおこす。
その人の恩知らずな振る舞いは、善を志している人たちに
新たな善行をちゅうちょさせてしまう。

プルターク

16

感謝の念をもって過去を思い出す人だけが、
自分の未来を信じることができる。

ヨルグ・ツィンク

17

人生のいちばん大きな力は、感謝。

ヘルマン・ベッツェル

18

悲しみに立ち向かう唯一の武器、悲しみを癒《い》やす唯一の薬、
それは感謝。

イーダ・フリーデリケ・ゲレス

19

感謝は幸いのもっとも美しいかたち。

ヴァルター・ディルクス

20

大きな喜びには、そのひとつひとつに、感謝の思いが伴っている。

マリー・フォン・エプナー＝エシェンバッハ

21

どんな喜びでも、感謝の思いが伴っていなければ信じてはならない。

テオドール・ヘッカー

22

喜ぶとは、感謝する機会を探すこと。

カール・バルト

23

近所の親切なおばさんがくださったチョコレートの袋をつかむと、子どもはすぐに食べようとする。そこへお母さんの小声のお叱りがとんでくる。

「そういうときはなんていうの？」「ありがと！」

ここはもう少し何かほかの形にできないものか。たぶん、こんなふうに。

お母さんがたずねる。

それはその場にふさわしいかどうか、ちょっとわからないけれど。

「坊や、うれしい？」

もらった人の喜びが形になって見えてくると、
あげたほうにも分かちあえた喜び、ほんとうの喜びがあらわれてくる。

「ごらん。おばさんはお前が大好き。だからお前のことを思ってくださるのよ。」

愛を経験させる、気づかせる。

こうして、感謝と、それに結ばれている記憶が育てられる。

クラウス・ヘメルレ

24

感謝するとは、神様の前に座って喜ぶこと。

アフリカの言い伝え

25

感謝することに天分のある人は、喜ぶ才能にも恵まれている。

ツェンタ・マウリナ

26

感謝の念とは、自分の人生がどのような形で展開していくとしても、
それを贈りものとして認識することである。

ヘンリー・J・M・ナウウェン

27

すべてのものは、神秘を隠している。
すべてのものは創造主のみ手から、そして
共同創造者である人間によってつくられたからである。
わたしが書く紙、わたしが使うえんぴつ、わたしがその前に座る机、
わたしを取り巻く本、わたしが着る服、わたしが呼吸する空気、
部屋を明るくするあかり、わたしを支えている床。
日々、わたしの心は、喜び躍る。
これらすべてを包みこんでいる大きなつながりを思って、感謝。

ヘルダー・カマラ

28

ねたみを捨てた人たちは、いつも感謝している。
たとえ、他の人の中に宝を見つけても、ありがたく思う。

マハトマ・ガンジー

29

感謝とは、自分の限界を認める気高い告白。

ゲオルグ・モーザー

30

自分の存在を感謝できるまでは、わたしたちは自分が何者であるか、
また存在すること、生きていることが、どういう意味を持っているのか、
まったくわかっていない。

トーマス・マートン

31

感謝することを学んでいない人は、
自分が所有することも、他者《ひと》に与えることも学んでいない。

クラウス・ヘメルレ

32

あなたは、すべての畑に感謝しなければならない。わたしたちが食べているのは、いつも他の人がつくったパンなのだから。

フリードリッヒ・ディートリヒ

33

水を飲むときには、井戸を掘った人のことを思い出せ。

中国の言い伝え

34

天に向かうひたすらな感謝の思い、それこそ完全な祈りである。

ゴットホールド・エフライム・レッシング

35

全知の御方よ！
すべてに超えて、ひとつのことを学ばせてください。
あなたの御恵みをありがたく思えますように。
そしてまた、もっとも小さい者がしてくれたもっとも小さいことにも
感謝することができますように。

ツァラトゥストラ

36

わずかなことに感謝しない人は、
多くを受けても感謝しないだろう。

エストランドの言い伝え

37

もっともわずかなことに対しても、感謝の思いを持たなければならない。そして大きなものを受けるときには、おおらかに受け取りなさい。

トマス・フォン・ケンペン

38

神がお創りになったものは、すべて善いものである。
感謝して受けるなら、よくないものは何もない。

テモテへの手紙 I

39

「幸福」が思いのままに、あなたになにか善いものを贈ろうとするとき、あれこれ考えず、「ありがとう」といって、受け取りなさい。

ヴィルヘルム・ブッシュ

40

いつも感謝の念を抱いているなら、それは偉大な人を示すしるし。
その人に備わった徳は、感謝することの大切さをますます深く理解させてくれる。

エルナ・エントレス

41

「ありがとう」と言うことは、心を高める。

ヴァルター・ラテナウ

42

感謝とは、へりくだることではなく、状況を見分ける聡明《そうめい》な理性があるしるし。
そして　愛を実践する善い心のしるし。
感謝できない人は、愛することもできないのだから。

イェレミアス・ゴットヘルフ

43

平凡な人々だけが思っている。
ありがたいことに、自分たちは小さな者として生まれてきた、と。

トラバート

44

感謝できる人には、大きなことが起こる。
感謝することは、人を気高くする。

オットー・ホイシェレ

45

すべての徳を身につけたいのなら、何よりもまず、感謝することを身につけたい。
感謝するという徳は、他のあらゆる徳の母なのだから。

キケロ

46

感謝の思いは、あらゆる徳の中で、もっともたたえられるべき徳である。

ジョヴァンニ・ボッカチオ

47

感謝の念とは、
どんなことにも当たり前のことは何もないということの告白。

ヴィルヘルム・ミュース

48

驚きから感謝が生まれ出る。

ロマノ・グアルディーニ

49

感謝の念は驚くほどの愛。
驚き、愛することのできる人は、この地上で祝福された人々に属している。

マンフレート・ハウスマン

50

感謝できる人々に、世界は別の顔を見せる。

ライナー・シュミット

51

感謝の思いを抱いている人々は、世界を別の意味に解釈するだけではなく、
その存在だけで世界を変えてしまう。

カイト・エルガー

52

もっとも深い感謝の思いを抱いている人は、しばしば当然自分のものであるはずのものが取り去られるような、つらい経験をしている。

しかし、自分の可能性を失ったり、それが消え去ったりしたことが、あのしばしば見過ごしていたけれど、動かせない真理に目を開いてくれる。

わたしたちが存在すること、これやあれができるということは、自分の力によるのではなく、自分以外のものの力に負っているのだということに。

ヨハン・ド・ヴリース

53

人生には、感謝の念からあふれ出るよりも、すばらしいあふれはない。

ジャン・ド・ラ・ブリュエール

54

感謝の念は、どんな土地にも生い茂る雑草ではない。

それはやわらかく、繊細な植物。

固くひからびた土地ではほんの少ししか芽が出ないけれど、湿った水の豊かな土地では元気よくのびてくる。

ヨハン・ハインリッヒ・ペスタロッチ

55

感謝の思いを持っている人は、肥沃な畑のようだ。
善を贈ってくれた人に豊かにお報いする。

アウグスト・フォン・コッツェブー

56

感謝の思いは、注意深い手入れが必要な果実だ。粗野な人のもとでは実らない。

サムエル・ジョンソン

57

感謝の念を持っていることは、すぐれた性質を持っていることのしるし。

ヨゼフ・ビクトル・シュトマー

58

忘恩はいつも一種の弱さである。
有徳の人が恩知らずだということを
わたしは見たことがない。

ヨハン・ヴォルフガング・フォン・ゲーテ

59

忘恩は傲慢の子。

ミゲル・ド・セルバンテス

60

わたしたちは、みんな恩知らず。

各自は自らに問うてみよ。恩知らずな人について不平をいわなかった者は、だれもいない。

すべての人について不平をいう必要がなければ、すべての人が不平をいうことはありえない。

だから、みんなが恩知らずというわけだ。

セネカ

61

わたしが思うに、
人間についていちばんぴったりの描写は、「恩知らずな二本足の動物」。
フィヨードル・M・ドストエフスキー

わたしたちが悠々と歩きながら、人間の忘恩について嘆くなら、だれがそれに同調してくれるだろうか？　忘恩は人間の本性なのか、それとも、わたしたちが人間の本性について無知なのだろうか？

感謝を期待しないことにしよう。たまたま感謝の念を持っている人に出くわしたとき、それは、わたしたちにとってすばらしい驚きとなるだろう。

感謝は、わたしたちが自ら育まねばならない特性であることを忘れないようにしよう。

デール・カーネギー

63

世界中が忘恩について叫んでいる。しかし、その嘆きは実のところまちがっている。本来なら、「うぬぼれ」について嘆くべきなのだ。ただ、れっきとした破廉恥漢だけが、意識しつつ恩知らずでいられる。

でも、たいていの人が自分はほかの人よりもたくさん働いたと思っている。ほかの人は、その働きに比べて少しの報酬しかもらっていないと思っているのに。

アレキサンダー・ポープ

64

感謝の思いは天に昇っていった。はしごもいっしょに。

ポーランドのことわざ

65

感謝の念より忘れられやすいものが、ほかにあるだろうか？

ウィリアム・シェークスピア

66

贈られた物よりも感謝の思いを心に長くとどめている人は、そんなにいない。

セネカ

67

感謝よりもあてにできないものはない。しかし、愛のわざは報いをあてにせずに行われる。

N・ソシュール

68

たいていの場合、感謝は遅れてやってくる。感謝は、いつもはやばやと期待されているからだ。

フリードル・ボイテルロック

69

感謝は、けっして先送りしないように。

アルバート・シュヴァイツァー

70

たいていの人が見せる感謝の念は、また親切にしてもらいたいという、ひそかな願望をあらわしている。

フランソワ・ド・ラ・ロシュフコー

71

わたしは感謝の念を抱いている。
それは、自分にとって得になるからではなく、
わたしに喜びをもたらしてくれるからだ。

セネカ

72

いつも目にする光景
第一場面「ありがとう！」

「当然のことですよ……」

第二場面「ありがとう」といわない。

「奴は、なんでも当たり前のことのように受け止めている！」

シュテファン・リーゼンフェルト

73

感謝の念を抱いてくれることほど、ありがたく思えることはない。

マリー・フォン・エブナー＝エシェンバッハ

74

感謝を受け取らない人は、相手の人を見下げることになる。

フランツ・グリルパルツァー

75

感謝の思いは、だれからも期待される心構えではあるけれど、身につけたからといって、あまり重んじられるものではない。
しかし、当たり前のことに対して「ありがとう」というのは、まったく当たり前ではない。

アダルバート・L・バリンク

76

感謝の念は、商人がつけで買うのに似ている。そのとき、商人は取引を正直に行うことで信用を保つ。

わたしたちも、恩という借りを返すのが正しいからというのではなく、次にまた、たやすく貸してくれる人を見つけるために、今の借りを返すということもある。

フランソワ・ド・ラ・ロシュフコー

77

与えることは交換ではない。
そして感謝は支払いではない。

ジョン・M・スミス

78

恩を忘れようとする思いはたぶん、恩という借りを返せなくなったことから生まれる。

オノレ・ド・バルザック

79

感謝の念は、一つの重荷。そして、どんな重荷も振り落とされねばならない。

デュニ・ディドロ

80

人は、ただ恩を振り払うために感謝するにすぎない。

エドアルト・フォン・ハルトマン

81

感謝するという徳は、もっともむずかしい徳の一つだ。しかし、もっともむずかしいのは感謝を過度に要求しないことだ。

フリードリッヒ・ヘベル

82

恩義は、ふつうますます増えていく負債のようなものだ――ゆすりに遭っているとき、お金を渡せば渡すほど、ますますたくさん要求されるように。

マーク・トウェイン

83

愚か者の贈り物からは何も得るところがない……。

彼は今日貸し、明日は返せと迫る。

そしていうのだ。「わたしに友だちなんていない。いいことをしても少しも感謝されない。」

「シラ書」から

84

この世の中でいちばん困るのは、分別がないままに感謝を期待したり、要求したりすることだ。

テオドール・フォンタン

85

感謝を期待すること、
それは贈り物を結ぶリボンを罠《わな》に使うようなものだ。

シュテファン・リーゼンフェルト

86

感謝のことばを求めて何かをするなら、あなたは自分のエゴイズムを大きくすることになる。

ヴィルヘルム・ヴェーバー＝ブラウンス

87

おまえは善行に対してどんな報いがほしいのか？
報いはすでに受けている、
善いことをしたときに味わった喜びのなかで。

東方の金言

88

若いニコラウスに、たいへん貧しい隣人がいた。その人は三人の娘のために結婚の持参金を用意することができず、とても悩んでいた。
ある夜、ニコラウスはその隣人の家の窓から何枚かの金貨を投げこんだ。父親は心から神に感謝し、贈り主を教えてくださいと願いながら、見張っていた。そしてまた、窓から金貨が飛びこんできたとき、彼はその見知らぬ人のうしろから追いかけた。つかまえてみると、ニコラウスだった。父親は彼に感謝の雨を浴びせた。ニコラウスが求めたお礼――それは、けっして人々に彼の名を明かさないと約束させたことだった。

ビザンチンの伝説より

89

善を行え。そしてそれを海に投げ入れて、忘れよ。

インドの言い伝え

90

善い行いに対する報いは、その行いをなしとげたことのうちにある。

セネカ

91

感謝の念は、自由という畑でのみ茂る。贈り主は、感謝という鎖で相手をつなごうとしてはならないし、受けた人は、借りを返さなければならないという、心の重荷から自由でなければならない。

ヨハン・ド・ヴリース

92

感謝の念は、人間らしくあるために最初に抱き、最後まで持ちつづける思いである。

アドルフ・コルピンク

93

年をとればとるほど、人の心の中には感謝への思いが大きくなっていく。

マルティン・ブーバー

94

わたしは、おもしろい習慣をもっている。毎朝起きるとき、今日もまだ見える、聞こえる、匂いをかぐことができる、そして、すべての感覚を保ち、まだ歩けることを喜ぶということ。これらはほんとうにすばらしい贈り物だ。でも、また別の状況になることもあるだろう。そうだ、それはそれで満足しよう。これもまた、ありがたいことだと思わなければならない。

アルトゥール・ルビンシュタイン

95

何度か、もう一つの名前がほしいと強く感じています。

それは、少しでもわたしの人生の意味を表す名前「ありがとう」です。

そして、わたしにまだ残されている日々をゆるぎない感謝にしたいと切に願っています。

キアラ・ルービック

96

この年老いた人間が、創られたものすべてを、はじめて心の底から受け入れたとき、当たり前だと思って見ていたものが、ほんとうに美しく愛すべき大地の上にあるということがわかりました。

かつては、たくさんのものを自明のものと見なしていましたが、今それらの多くが貴重な贈り物となりました。

そして、この年老いた者の頭のてっぺんから足の先まで震えるほどの激しい思いが走りぬけない日はありません。それは、いつも感謝の思い。

老いた者がなお健全であるかぎり――そうはいかないことも起こるでしょうが――感謝でいっぱいの人になるのは、まず間違いのないことです。

マンフレート・ハウスマン　八十五歳の誕生日に

97

毎日わたしは何度も何度も考える。わたしの外的そして内的人生は、今日の、そしてもう亡くなった人々の働きの上にある、と。だから、わたしはこれらの人々からすでに受け、これからも受けるのと同じくらい多くのものを、人々に贈るよう力を尽くさねばならないと思っている。

アルバート・アインシュタイン

98

神のたまものへのいちばん美しい感謝は、神からのこのたまものをさらにほかの人々に贈ることだ。

ミカエル・ファウルハーバー

99

最高の感謝には、愛がこめられている。

アルノルト・ヤンセン

100

感謝のひとつひとつが、新たなはじまりである。

ヴェルナー・シュタインベルク

あとがき

「ありがとう。」日々の生活の中で　なにげなくたびたび使われている言葉。しかし、その「ありがとう」にはさまざまな響きがあります。心の底からの「ありがとう」、何かしら下心が見え隠れする「ありがとう」、次の親切を期待する「ありがとう」など。

共に生きる人々への感謝の念が清められていくほどに、わたしたちの人としての有り様《あよう》も清いものになっていくように思われます。

ここに集められた感謝についてのたくさんの言葉の中には、素直な美しい言葉、人間に対する深い洞察から生まれた言葉、そしてときには厳しさや皮肉がこめられているものもありますが、それらをも含めて、ひとつひとつの言葉がわたしたちの人としての心を清め、高めていくよすがになってくれるようにと願っています。

二〇一三年八月　　訳　者

●**ジャン・バプティスト・マション**（Jean Baptist Massien: 1663〜1742） フランスのカトリック聖職者。傑出した説教家の一人。クレモンの司教でベルサイユの宮廷説教師。 1

●**ディートリッヒ・ボンヘファー**（Dietrich Bonhoeffer: 1906〜1945） ドイツのプロテスタント・ルター派の神学者、牧師。反ナチ運動に参加、逮捕され、刑死。著作は現代の教会と神学に影響を与えている。 2

●**シュテファン・ツヴァイク**（Stefan Zweig: 1881〜1942） オーストリアの詩人・作家・評論家。ユダヤ系。文化の価値の維持・発展のため努力した。ヒットラー政権成立後、英国・米国を経て、ブラジルに居住。最後の労作「バルザック」を未完のまま自殺。 3

●**マリー・グスタフ**（Marie Gustave: 1940〜？） フランスの作家。著作に『調書』など。2006 年に来日。詩的冒険、人間性の追及などで 2008 年にノーベル文学賞受賞。 4

●**フリードリッヒ・ライザー**（Friedrich Reiser: 1401〜1458） ドイツ人の聖職者。キリスト教フス派、ヴァルド派の主教。巡回牧師。 5

●**レオ・スーネンス**（Leo Suenens: 1904〜1996） ベルギー人、カトリックの枢機卿。 6

●**リヒャルト・フリーデンタール**（Richard Friedenthal: 1896〜1979） 独・英の作家、詩人、出版者。ドイツ生まれのユダヤ系。第二次世界大戦の時、英国に移民し、生活の拠点とした。戦後、ドイツペンクラブ会長。 7

●**ガブリエル・マルセル**（Gabriel Marcel: 1889〜1973） フランスの哲学者、戯曲も書いた。パリ大学などの大学教授。カトリックに改宗後、キリスト教的実存主義の立場をとる。 8

●**アンリ・レガメ**（Henry Régamey: ?） 不詳 9

●**ジャック・マリタン**（Jacques Maritain: 1882〜1973） フランスの哲学者。第二次世界大戦のときはカナダに亡命。戦後、駐バチカン大使、大学教授。フランスにおけるカトリック革新運動の指導者。 10

●**ゲオルグ・モーザー**（Georg Moser: 1923〜1988） ドイツ人、カトリックの司教。 11・29

●**ルートヴィッヒ・ベルネ**（Ludwig Börne: 1796〜1838） ドイツの政治的文芸評論家。ユダヤ系。フランスの七月革命以来、パリに居住。 13

●**アウレリウス・アウグスティヌス**（Aurelius Augustinus: 354〜430） タガステ（今日のアルジェリア）出身。マニ教からカトリックに改宗、ヒッポの司教となる。西方教会最大の神学者。聖人。 14

●**プルターク**（Plutarch: 45 頃〜120 以降） 末期ギリシャの道学家、史家。対話、随筆など著作が多い。倫理学を主体としたもの、伝記ものに大別される。市政にも尽くした。 15

●**ヨルグ・ツィンク**（Jörg Zink: 1922〜？） ドイツ人、プロテスタントの神学者、牧師、出版者。平和と環境保護の著名な説教家の一人。 16

●**ヘルマン・ベッツェル**（Hermann Bezzel: 1861〜1917） ドイツのプロテスタント神学者。ドイツ新教教会委員会議長。ルター派の指導者、牧会者、説教者として尊敬を受けた。 17

●**イーダ・フリーデリケ・ゲレス**（Ida Friederike Görres: 1901〜？） ドイツの女流作家。旧来の伝統的な見方を離れて、現代的な立場から聖人や聖女を描いた。 18

●**ヴァルター・ディルクス**（Walter Dirks: 1901〜1991） ドイツ人、カトリックの出版

業、作家、ジャーナリスト。 19

●**マリー・フォン・エプナー－エシェンバッハ**（Marie von Ebner-Eschenbach: 1830〜1916） オーストリアの傑出した女流作家、随筆家、著作家。作品に『村と城の物語』『村の子』など。ウィーン大学から名誉博士号受領。 20・73

●**テオドール・ヘッカー**（Theodor Haecker: 1879〜1945） ドイツのカトリック著述家。キルケゴール、ニューマンを研究。キリスト教的実存主義の解明などに独自の思想を展開した。 21

●**カール・バルト**（Karl Barth: 1886〜1968） スイスのプロテスタント神学者。ドイツ福音主義教会の教会闘争で、告白教会の指導者として活動。著書『ロマ書講解』は当時の神学界を動かした。彼の神学思想は一般的に「危機神学」「弁証法神学」と呼ばれる。 22

●**クラウス・ヘメルレ**（Klaus Hemmerle: 1929〜1994） ドイツのカトリック神学者。アーヘンの司教。 23・31

●**ツェンタ・マウリナ**（Zenta Maurina: 1897〜1978） バルト三国のラトビアの女流作家、当時ロシア領のリーフランドに生まれる。母親はドイツ系。1946年にスウェーデンに移住、後にドイツで生活する。20世紀の自由と抑圧をテーマにラトビア語、ロシア語、ドイツ語で著作。 25

●**ヘンリー・J・M・ナウウエン**（Henri J. M. Nouwen: 1932〜1996） オランダ人、カトリック司祭。精神生活についての文筆家。著作はカトリックのみならずプロテスタントにもよく読まれている。 26

●**ヘルダー・カマラ**（Helder Camara: 1902〜1999） ブラジルの大司教。「解放の神学」の推進者。貧者のためにブラジルにおける人権運動に尽くす。ノーベル平和賞の候補になる。 27

●**マハトマ・ガンジー**（Mahatma Gandhi: 1869〜1948） インドの精神的指導者。無抵抗主義者。 28

●**トーマス・マートン**（Thomas Merton: 1915〜1968） 米国人、トラピスト会司祭、小説家。フランスに生まれ、アメリカの大学で学ぶ。20世紀の著名なキリスト教神秘主義者の一人。黒人の人権運動、平和運動に深く関わる。自叙伝『七重の山』（1948）でピュリッツァー賞を受賞。 30

●**フリードリッヒ・ディートリヒ**（Friedrich Diettrich: 1765〜1850） ドイツ人、植物学者、庭園設計家。植物や庭園に関する著書多数。 32

●**ゴットホールド・エフライム・レッシング**（Gotthold Ephraim Lessing: 1729〜1781） ドイツの最初の劇作家。戯曲『賢者ナターン』など。演劇評論などの著名な文筆家としても後世に影響を与えた。 34

●**ツァラトゥストラ**（Zarathustra） ゾロアスターとも言われる。前7世紀後半に生まれ、77歳で没したと伝えられるペルシャの宗教家。ペルシャの民族宗教に基づき、善神・悪神の二元論を説く。 35

●**トマス・フォン・ケンペン**（Thomas von Kempen: 1380〜1471） ドイツ人。15世紀の神秘主義者、精神性の文筆家。 37

●**『テモテへの手紙 I』**『新約聖書』の中のパウロの手紙の一つ。 38

●**ヴィルヘルム・ブッシュ**（Wilhelm Busch: 1832〜1908） ドイツで最も影響力のあるユーモア作家、絵描きの一人。ドイツのコミックの祖といわれる。現在も評判の高い著作

の一つに絵本『マックスとモリッツ』がある。　39
●エルナ・エントレス（Erna Endres: 20世紀生） ドイツ人、作家。著作『今日の喜びに向けて―人生の芸術家となるための道標』1999など。　40
●ヴァルター・ラテナウ（Walther Rathenau: 1867〜1922） ドイツ人、実業家、作家。第一次大戦後、ドイツ帝国外相として賠償交渉に尽力。国粋派のテロの犠牲となる。　41
●イェレミアス・ゴットヘルフ（Jeremias Gotthelf: 1797〜1854） スイスの小説家、牧師。教育者で常に農民の間で生きた。　42
●トラバート（Trabert: ?） 不詳　43
●オットー・ホイシェレ（Otto Heuschele: 1900〜?） ドイツの詩人、小説家、批評家。主な作品に詩集『白い雲』、物語『少年と雲』など。　44
●キケロ（Cicero: 前106〜前43） ローマの政治家、雄弁家。道徳哲学のエッセイスト。前63にローマの統領となる。ギリシャの学術のローマへの移入で後代に大きな影響を残した。　45
●ジョヴァンニ・ボッカチオ（Giovanni Boccaccio: 1313〜1375） イタリアの文学者。主著『十日物語―デカメロン』。ダンテに傾倒し、『神曲』の注釈書を著す。　46
●ヴィルヘルム・ミュース（Wilhelm Mühs: 1934〜2002） この本の編者。著名な神学者、ジャーナリスト。多数のアンソロジーの出版を手掛けた。　47
●ロマノ・グアルディーニ（Romano Guardini: 1885〜1968） イタリア生まれ、生涯をドイツで過ごす。カトリック神学者、大学教授。カトリックの精神的伝統を現代的な視点からとらえなおし、多くの影響を与える。　48
●マンフレート・ハウスマン（Manfred Hausmann: 1898〜1986） ドイツ人、小説、詩、戯曲、エッセイなど著述多数。ジャーナリスト、プロテスタントの信徒説教家。　49・96
●ライナー・シュミット（Rainer Schmidt: 1965〜?） ドイツ人、生まれつき両脚がなく、右手の肘から先が短い。神学を学び、ボン大学の講師。プロテスタント、ルター派の牧師。　50
●カイト・エルガー（Keith Elgar: ?） 不詳　51
●ヨハン・ド・ヴリース（Johan de Vries: 1607〜1677） オランダ人、不詳　52・91
●ジャン・ド・ラ・ブリュエール（Jean de la Bruyère: 1645〜1696） フランスの著述家。モンテーニュの思想を継ぐモラリスト。　53
●ヨハン・ハインリッヒ・ペスタロッチ（Johann Heinrich Pestalozzi: 1746〜1827） スイスの教育家。貧しい子どもたちのための学校を経営、後にドイツのミュンヘンに移した。児童に対して人間性の陶冶を目指す彼の教育理念は諸国の教育界に影響を与えた。　54
●アウグスト・フォン・コッツェブー（August von Kotzebue: 1761〜1819） ドイツの劇作家として非常な成功を収めた。ウィーン宮廷劇場の座付作者も務める。晩年、ロシアの外交官としてドイツに住まい、ドイツの学生からロシアのスパイと見做されて刺殺された。　55
●サムエル・ジョンソン（Samuel Johnson: 1870〜1931） イギリスの文学者。イギリス最初の英語辞典を単身で長年かけて完成させた。最後の著作は『英国詩人伝』。　56
●ヨゼフ・ビクトル・シュトマー（Josef Viktor Stummer: 1910〜1981） オーストリア人、作家、詩人、財務関係の公務員。　57
●ヨハン・ヴォルフガング・フォン・ゲーテ（Johann Wolfgang von Goethe: 1749〜

1832）ドイツの詩人、作家。作品に『ファウスト』『若きヴェルテルの悩み』など。　58
●ミゲル・ド・セルバンテス（Miguel de Cervantes: 1547〜1616）スペインの小説家。代表作は『ドン・キホーテ・デ・ラ・マンチャ』　59
●セネカ（Seneca: B.C. 5 頃〜A.D65）ローマ帝国の政治家、元老院議員。皇帝ネロの少年時代の家庭教師。ストア派の思想家。〈道徳論集〉所収の『幸福な人生について』など多くの著作がある。　60・66・71・90
●フィヨードル・M・ドストエフスキー（Fjodor M.Dostojewski: 1821〜1881）ロシアの作家。作品に『罪と罰』『カラマーゾフの兄弟』等がある。　61
●デール・カーネギー（Dale Carnegie: 1888〜1955）アメリカの実業家、作家。自己啓発の分野でのセミナー指導者。著書に『人を動かす』『道は開ける』などベストセラー。1939 年以降、3 回来日。　62
●アレキサンダー・ポープ（Alexander Pope: 1688〜1744）イギリスの詩人、カトリック教徒。古典主義の第一人者。ポープの本領は諷刺詩にあり、『髪盗人』はその傑作ともいわれる。　63
●ウィリアム・シェークスピア（William Shakespeare: 1564〜1616）イギリスの劇作家。作品に『ロメオとジュリエット』『ハムレット』等。　65
●N・ソシュール（N. Saussure: 1767〜1845）スイスの植物学者。　67
●フリードル・ボイテルロック（Friedl Beutelrock: 1889〜1958）ドイツの作家。多数の箴言集を編集した。今日、カレンダーなどによく引用されている。　68
●アルバート・シュヴァイツァー（Albert Schweitzer: 1875〜1965）ドイツ人。プロテスタントの神学者、オルガン奏者、哲学者、医師。1913 年アフリカのガボンに渡り病院を設立、黒人の医療伝道に従事。ノーベル平和賞受賞。　69
●フランソワ・ド・ラ・ロシュフコー（François de La Rochefoucauld: 1613〜1680）フランスの公爵。文才に優れる。代表作『箴言集』はフランスのモラリスト文学の最高傑作の一つとして今日も生きている。　70・76
●シュテファン・リーゼンフェルト（Stefan Liesenfeld: ?）ドイツ人。神学者。キリスト教の霊性 について多くの著作、翻訳がある。1999 年以降、Neue Stadt 出版社の発行責任者。　72・85
●フランツ・グリルパルツァー（Franz Grillparzer: 1791〜1872）オーストリアの劇作家、ロマン的詩人。晩年は上院議員、ウィーンの名誉市民。　74
●アダルバート・L・バリンク（Adalbert L.Balling: 1933〜）ドイツ人。カトリック司祭。マリンヒラー宣教師団に所属。長年、カトリック宣教誌編集長。多くの著書もある。　75
●ジョン・M・スミス（John M.Smith: 1555 頃〜1612）イギリスの宗教家。初めは英国教会の聖職者、のちに独立教会を起こし、アムステルダムに移住、その地で再洗礼派教会を組織した。　77
●オノレ・ド・バルザック（Honoré de Balzac: 1799〜1850）フランスの小説家。1842-46 に小説群『人間喜劇』全 16 巻を完成。実業家になることも試みた。『ゴリオ爺さん』『トゥールの司祭』など著作多数、写実派の始祖と言われる。戯曲、評論も書いている。　78
●デュニ・ディドロ（Denis Diderot: 1713〜1784）フランスの啓蒙思想家、作家。18 世紀を代表するフランスの出版物『百科全書』を1751年〜1772年に完成させた。ロシアの女帝エカチェリーナ2世と交流していた。 79

●**エドアルト・フォン・ハルトマン（Eduard von Hartmann: 1842〜1906）** ドイツの哲学者。ヘーゲルとショーペンハウアーを統合し、自身の哲学の立場を「無意識者」と名付けた。新カント派、ユングなどに影響を与えた。 80

●**フリードリッヒ・ヘベル（Friedrich Hebbel: 1813〜1863）** ドイツの劇作家。抒情詩人。ドイツ写実主義演劇の先駆となった。著作『ユーディット』『ニーベルンゲン』など。 81

●**マーク・トウェイン（Mark Twain: 1835〜1910）** アメリカの作家。著作『トムソーヤーの冒険』『ハックルベリー・フィン』『ミシシッピ川の生活』など。自然の生活を尊重した。世界中で講演した。 82

●**『シラ書』** 旧約聖書の中の書物の一つ。 83

●**テオドール・フォンタン（Theodor Fontane: 1819〜1898）** ドイツの作家、詩人、著名な薬剤師。詩的リアリズムのドイツにおける主たる代表者。長編小説『嵐の前』など。84

●**ヴィルヘルム・ヴェーバー―ブラウンス（Wilhelm Weber-Brauns: ?）** ドイツの作家。小説『愛のいけにえ』1919刊。 86

●**ビザンチン（Byzantin）** 330年に都をコンスタンチノープル（現イスタンブール）に移し、1453年まで存続した東方の専制君主制キリスト教ローマ帝国をビザンチン帝国と呼ぶ。1453年にオスマン帝国に征服された。5世紀ごろ、『聖人伝』のような新しい文学様式が生まれた。 88

●**アドルフ・コルピンク（Adolf Kolping: 1813〜1865）** ドイツのカトリック司祭。特に社会問題に関心を持つ。徒弟の社会的向上のために徒弟組合を創設。今も諸都市に「コルピンクの家」がある。 92

●**マルティン・ブーバー（Martin Buber: 1872〜1965）** オーストリア生まれのユダヤ人。哲学者。ヘブライ大学教授。著書に『我と汝』『ハシディズム』他。 93

●**アルトゥール・ルビンシュタイン（Arthur Rubinstein: 1887〜1982）** ポーランド出身のピアノ奏者。ドイツのベルリンでデビューし、ヨーロッパ各国で活躍。第二次大戦中はアメリカで暮らし、米国に帰化。1960年にショパン国際ピアノコンクールの審査委員長を務めた。 94

●**キアラ・ルービック（Chiala Lubich: 1920〜2008）** イタリアのカトリック推進者。23歳で若者の信仰刷新運動「フォコラーレ」を創設、全世界に広める。 95

●**アルバート・アインシュタイン（Albert Einstein: 1879〜1955）** ドイツ生まれ。ベルリン大学の物理学教授。相対性理論を発表。ノーベル物理学賞を受賞。1933年にナチスに国を追われてアメリカに行き1940年に市民権取得。人権擁護運動、平和運動の熱心な支持者。 97

●**ミカエル・ファウルハーバー（Michael Faulhaber: 1869〜1952）** ドイツのカトリック神学者。1917年以降、大司教、1921年より枢機卿。 98

●**アルノルト・ヤンセン（Arnold Janssen: 1837〜1909）** ドイツのカトリック司祭。シュタイラー宣教会（日本では神言修道会）の創設者。カトリック教会の聖人。 99

●**ヴェルナー・シュタインベルク（Werner Steinberg: 1913〜1992）** ドイツの作家。ジャーナリスト。 100

感謝について　100の言葉

編者　ヴィルヘルム・ミュース
訳者　女子パウロ会
発行所　女子パウロ会
代表者　三嶋邇子
〒107-0052　東京都港区赤坂 8-12-42
Tel　03-3479-3943
Fax　03-3479-3944
Webサイト　http://www.pauline.or.jp
印刷所　精興社

初版発行　2013年10月15日

ISBN 978-4-7896-0724-7 C0016
NDC194　19 cm　Printed in Japan